Poèmes
D'une vie ordinaire

Zabatt victor

Amour d'été

Qu'elle est belle cette plage

Où l'on s'est rencontré

Un soir après l'orage

Nos deux corps détrempés

Un regard a suffit

Pour me donner l'espoir

D'un amour qui me fuit

Il n'est jamais trop tard

Sur le sable mouillé

J'entends le bruit des vagues

Qui vient doucement bercer

Nos tendres roucoulades

Sous un ciel électrique

Nous voilà rapprochés

Une idylle effrénée

Va nous emporter

Les battements de son coeur

Sont de plus en plus forts

J'attends ce grand bonheur

De la serrer très fort

Je regarde son visage

Elle lit dans mes pensées

Je vois un beau présage

Pour un tendre baiser

Je ne peux résister

À cet instant magique

Mes lèvres sont posées

Sur cette bouche idyllique

Le ciel noir dissipé

La lune vient éclaircir

Cette plage parsemée

Des amours de l'été

Sérrés l'un contre l'autre

On avance lentement

On échange des mots doux

Le language des amants

C'est grave docteur

Science des ânes ou même profane

Quelques idées quelques ratures

Me voilà reparti

Dans un récit une écriture

Je n'ai pas de style mais ça ne fait rien

Ça y est je me lache ça fait du bien

Dans le jardin ou quand je peinds

Les mots je les prends comme ça vient

Les mots des autres sont pas les miens

Je ne les prends pas même si c'est bien

Une écriture très ordinaire

Pourtant on me dit c'est du tonnerre

Ils sont sympas tous les copains

Veulent me faire croire que tout est bien

Si je continue tous les matins

Je finirai académicien

Cette obsession que j'ai d'écrire

Elle me dérange un vrai délire

Tout ça m'a pris quand on m'a dit

On compte sur toi pas de répit

Mais à présent je les remercie

C'est grâce à eux enfin que j'écris

Moi quelqu'un de très ordinaire

J'ai découvert que je pouvais le faire

J'aime bien les textes quand ça respire

Il faut que ça aille vite moi ça m'inspire

La science des ânes un vrai délire

Des animaux qui me font frémir

Je parle de moi c'est agaçant

Devez vous dire qu'il est pédant

Ça y est j'arrête toutes mes requêtes

J'arrête maintenent de prendre la tête

Je ne sais pas quand je m'arrêtrerai

Six jours un mois ou peut-être jamais

Crayon papier jusqu'à point d'heure

Des fois je me dis c'est grave docteur

Biker

Sur leurs engins de fer qui hurlent et vocifèrent
Ils attendent le départ vers une nouvelle histoire
Sourd et cadencé le bruit de leurs machines
Te fait déjà rêver à des routes vers les cimes

Brillantes et rutilantes ces motos d'enfer
Sont toutes chevauchées par des hommes peu fiers
Ces chevaliers sans haine héros des temps modernes
Combattent le bitume de Bethune à Palerme

Qu'elles soient fantastiques ou bien même héroïques
Leurs grandes chevauchées sont toujours épiques
Un look peu ordinaire à faire peur aux grands-mères
Une apparence trompeuse malgré un look sévère

Souvent vêtus de cuir les cheveux en arrière

De grosses lunettes noires à faire peur les zonards

Des tatouages à faire pâlir des hommes de l'art

Une vrai identité celle d'être un vrai motard

J'aime les rencontrer et parfois leur parler

Des histoires à bière ils peuvent t'en raconter

Ils sont souvent très fiers de cet art de vie

Une vie de chimère qui parfois donne envie

Chat Noir

Petit animal doux et parfois très féroce
Ta douceur apparente nous mène en catastrophe
Une fois choisie la cible et sans aucun remord
Il renverse, il oublie et casse même les trésors

J'en connais certains déjà bien habités
Par ce mal sans douleur qui vous rend agité
Dont en particulier un dénommé JP
À qui tous les malheurs sur lui peuvent arriver

Attention attention on n'est jamais à l'abri
De ce mauvais esprit fourbe et infini
Il vous tient il vous prend, rentre dans votre esprit
Vous devenez adepte et tout le monde en rit

Ma hantise est de voir au volant de ma jaguar

Cet animal poilu traverser la grand rue

Sitôt dit sitôt fait le voilà de l'autre coté

Je me dis en râlant que va-t-il m'arriver

Si une solution existe pour l'éradiquer

Faites-moi le savoir afin de pratiquer

Vaudou ou exorcisme et pouvoir délivrer

Mes amis mes voisins déjà très envoutés.

Toi minou vénéré de certains cabarets

Depuis la nuit des temps tu te fais détester

En caressant ton poil glissant et reluisant

Ton ronron envoûtant vient nous réconcilier

Corps à corps

Filles d'un jour ou pour toujours

Elles sont toutes belles à croquer

Douceur amour les caresser

Un beau sourire à faire craquer

Toutes ces femmes je les savoure

Un goût sensuel sucré salé

Lèvres charnelles quel beau contour

Pour déposer un doux baiser

Un corps taillé dans un cailloux

Aux mille facettes comme un bijou

Ces lignes aux formes apaisantes

Nous font rêver impertinentes

Combien d'hommes déjà tombés

Champ de bataille des êtres aimés

Une douce mitraille qui jaillit

Dans les entrailles de l'ennemi

La rude bataille est terminée

Les corps jonchés et assoiffés

Temoins d'une rude adversité

Que seul l'amour peut engager

Ces femmes au charme universel

On les adore nous ensorcellent

On sombre dans l'amour passionné

Un corps à corps qui fait rêver

Dans les étoiles

J'ai la tête à l'envers

Depuis ce premier verre

C'est Cap Canaveral

Je suis dans les étoiles

En apesanteur

Encore pour quelques heures

Pour un baiser de reine

Je manque d'oxygène

Comme un satellite

Je gravite autour d'elle

J'observe au loin son corps

Sa bouche qu'elle est belle

J'aimerais survoler

Toutes ses montagnes russes

Prêt à me poser

Sur son mont de vénus

J'aimerais qu'elle me dise

Viens on s'envoie en l'air

Juste pour décoller

Et ne plus toucher terre

Ephémère

Debout sur le trottoir elle attend teint blaffard

Le doux le mal aimé ou les hommes en costard

Encore une nuit froide où elle reste postée

Devant la palissade pas très loin du café

Le soir ou la journée elle est prête à se livrer

À ces hommes emballés par cette reine de beauté

Reine d'un soir pour tous ces mal aimés

Qui cherchent un peu d'espoir et pouvoir s'évader

Ces amours un peu fade elle peut t'en raconter

De ces histoires minables celles qui l'ont fait pleurer

Elle fait partie d'un âge où les rides sont marquées

Sur son petit visage usé par les années

Les larmes ça elle connait elle en a fait tomber

Les larmes de désespoir de tous ces adultères

Elle aime bien écouter leurs histoires leurs galères

Prête à consoler tous ces hommes pas très fiers

Choisie ou même forcée une vie de forcenée

Ces bagnards de l'amour souvent bien méprisés

Remède éphémère de notre société

Pour calmer les ardeurs de tous ces excités

Elle sait soigner les maux de ces hommes de passage

Sans remèdes sans cachets seulement quelques massages

En l'échange d'un billet par ces hommes pas très sages

Qu'elle sait remettre sur pied et quelque soit leur âge

Cachées dans le noir ou même sur le trottoir

Cessons de dénigrer toutes ces filles du soir

Du courage de l'audace il faut bien en avoir

Pour donner à ces hommes quelques instants de gloire

Femmes

Sensuelles à cœur et emplies de douceurs
Vous nous faites rêver et parfois même damner
On vous aime vous chérit vous remplit de baisers
En espérant être unis pour une éternité

Envouté par le charme d'une femme en beauté
Comment résister à cet assaut de rêve
Parfois ronde ou bien même élancée
Qu'importe le physique car parfois on en crève

Fruit défendu ou même préféré
Qu'importe celui qu'elle a vraiment croqué
Sacré Adam avec cette fille de rêve
Tu voudrais nous faire croire qu'il ne s'est rien passé

Tapis de vert de bleu ou de marron

Un regard profond à faire fondre la banquise

Vos yeux sont comme des harpons

Ils nous transpercent sans que rien l'on dise

Belles le jour et tendres la nuit

Vous êtes comme ces roses que l'on trouve jolies

Parfois piquantes ou bien même irritantes

L'odeur de votre peau devient vite apaisante

Ces muses endormies au milieu d'un grand lit

Sont comme des poupées de chiffon qu'on chérit

Elles nous donnent la jouissance l'amour et puis l'envie

De rester dans ce lit bien plus qu'une nuit

Vos lignes se dessinent comme des courbes maléfiques

Un mélange de pudeur de rondeur érotique

Le grain de ta peau qui roule sous mes doigts

M'envahit me séduit et me met hors de moi

Ton corps rempli de braise est une vraie fournaise

Un feu inespéré que l'on ne veut pas éteindre

Moment privilégié presque au bord du malaise

C'est la faiblesse des hommes que dieu nous le pardonne

Guerre

Le monde est en colère partout c'est la guerre
Ça tire et ça explose tout devient morose
Un paysage sombre où il n'y a plus que l'ombre
De tous ces gens qui errent sans savoir que faire

La mort guette chaque instant la proie d'un vivant
Nourriture préférée de tous ces assoiffés
Bénis par le sang de ces êtres errants
À jamais perdus du monde des vivants

J'hurle dans le noir je crie le désespoir
De ces passants perdus arrachés par l'obus
Tiré au hazard pour un moment de gloire
Enfant ou être aimé pour eux c'est terminé

Sous un soleil brillant au loin on voit l'enfer

Déchaînement de haine qui s'affale sur la terre

Quelle avenir pour cette humanité

Qui lentement doucement commence à décliner

De quel bois sont-ils faits pour un rue un quartier

On est prêt à tuer une vie une amitié

Ces guerres de religion ou même d'opinion

Sont des vides sans fin pour ce monde malsain

Écrire le mot paix très facile à dicter

Synonyme de joie de rires et d'amitié

Instant privilégié qui fait encore rêver

Et qui donne le sourire pour une éternité

Je cours après

Je cours après l'amour

Celui qui court toujours

Comment je vais l'attraper

À force je vais m'essouffler

Je cherche la perle rare

Avant qu'il soit trop tard

Avant que les regrets

L'emportent sur les années

Une princesse en velours

Ça ne court pas les rues

Je suis le troubadour

De ces amours confus

J'attends toujours ma proie

Celle qui ne vient pas

Je suis comme le renard

À l'affût dans les bars

Une vie déchirée

Par ces femmes qui me fuient

Je croise l'ennui

Chaque soir dans mon lit

Il est minuit et quart

Maintenant je dois rentrer

Toujours pas de roue de secours

À force je vais crever

Jeunesse

Jeunesse je le confesse

Ce chemin est divin

Richesse à partager

À durée limitée

Dorée ou sans saveur

Il faut la surveiller

Surtout pas la brûler

Tu pourrais le regretter

Ton coeur va s'emballer

Devant toutes ces beautés

Ton corps va s'enflammer

Sur ces corps dénudés

Un avenir limpide

Vers ce monde insipide

Creuser du bon côté

Sortir et puis foncer

Toutes ces années de liesse

Je vais les consommer

Je ne laisserai pas une miette

Sous peine de regrets

L'amour un fruit sucré

Que j'aimerais cueillir

J'aimerais déguster

Le miel du plaisir

La fête

Ce soir je vais m'amuser

Finis les préjugés

Un rouleau compresseur

Pour écraser mes peurs

Il n'y aura plus de filles moches

Elles seront toutes dans ma poche

Je les voudrais dans mon lit

Je ne tiendrai pas la nuit

Je boirai mes envies

Un mélange de folie

Ça fait mal à la tête

Après tout c'est la fête

Des rires et puis des cris

Pour sortir de l'ennui

Des vapeurs de folie

Pour tenir toute la nuit

Je bougerai mon squelette

Des pieds jusqu'à la tête

Les yeux éparpillés

Ça commence à tourner

Le temps déroule les heures

Mon corps dans la sueur

Un labeur sans compter

Je dois maintenant rentrer

La fille aux yeux noirs

Un matin dans Paris dans une rue endormie
J'ai croisé une fille dieu qu'elle était jolie
À présent je l'attends avec toujours l'espoir
De la revoir enfin d'échanger nos regards

Un corps à faire rêver avec des grands yeux noirs
Une démarche balancée suivie par mon regard
J'aimerais prendre sa main doucement la caresser
Et puis très tendrement lui faire un doux baiser

Nuit et jour je poursuis cet amour sans vie
Amour tellement rêvé qui m'obsède me poursuit
Il rentre dans mes nuits je le sens près de moi
Mais son corps n'est pas là déjà fini pour moi

Pour moi c'est un enfer cette fille éphémère

Qui traverse ma vie c'est un vrai courant d'air

Une sensation de froid qui me glace le dos

Qu'on peut être malheureux quand on cherche son égo

Cette maladie qui vous hante vous poursuit

Est très recommandée par les académies

Une maladie d'amour qu'on soigne pour toujours

À grands coups de je t'aime ma chérie mon amour

Chaque matin dans Paris je garde toujours l'espoir

De revoir cette fille qui hante mes nuits noires

J'attends sur le trottoir avec toujours l'espoir

Qu'elle me dira je t'aime je veux toujours y croire

Le café

J'étais serveur dans un café

Je servais de l'amour et de l'amitié

Je distribuais à tour de bras

Des sentiments qui ne se boivent pas

Les coeurs brisés les coeurs sérrés

Je les buvais pour les soigner

Je colmatais tous les amours

Les fissurés du mal d'amour

J'étais présent à chaque instant

Entre les bières et le panaché

Je vivais fièrement pour ces amants

Ils m'ont souvent bien fait pleurer

Les amis je les comptais plus

Des amitiés innatendues

Que tu croisais entre deux verres

Le lendemain plus que le verre

L'échec je l'ai souvent croisé

Un coup de poignard un coup d'épée

Toutes ces plaies que n'ai pu soigner

Plus douloureux qu'un os brisé

J'ai quitté ce vieux métier

Car à mon tour je dois me soigner

Je voudrais bien qu'on vienne m'aider

Pour retrouver celle que j'aimais

Le canapé

J'ai trouvé mon bonheur

Au fond du canapé

Les draps tous bien tirés

La tête sur l'oreiller

Des moments de chaleur

Qu'on ne peut partager

Qui rapprochent les coeurs

Et les corps enlacés

Elle m'a décrit ses peurs

J'ai crié mes envies

L'avenir lui fait peur

Moi la joie d'être unis

Une lumière tamisée

Pour masquer nos délires

Partis dans nos pensées

Et nos éclats de rire

Enivrés de sueur

Et de râles cadencés

On entend nos deux corps

Doucement s'embraser

Passage obligé

Des amours de jeunesse

Une fois déplié

C'est un lieu de confesse

Je prie chaque instant

Que ce moment béni

Je puisse le retrouver

Tout au fond de mon lit

Le paradis

Ça y est je suis arrivé

Au bureau des entrées

Saint Pierre m'a accueilli

Pas de valises pas d'outils

J'avais pas mes papiers

Il m'a dit mon ami

Ici la société

C'est moi qui la régit

J'ai retrouvé mes amis

La joie de les embrasser

Tandis que de l'autre côté

Des larmes sans compter

Pas d'examen de santé

Ni de carte de crédit

Il n'y a qu'une seule monnaie

Le sourire sans répit

On vit dans l'insouciance

Tout en illimité

Les filles vont me manquer

Mais on va s'arranger

Ta vie peut basculer

Pour un pas de travers

Et passer l'autre porte

Celle qui mène en enfer

C'est grâce à ce chauffard

Que j'y suis arrivé

J'avoue qu'un peu plus tard

M'aurait bien arrangé

Le poisson rouge

Regard lubrique un peu de vice

Je tourne en rond dans mon calice

Je suis le poisson rouge je vois à travers

J'observe les gens très ordinaires

Je me rince l'oeil quand tout le monde gueule

La larme à l'oeil quand il y a un deuil

Je suis à l'affût dans mon bocal

Je suis un voyeur je me régale

Si je dois écrire dans un journal

Ça sera la rubrique adultère

Tout ce que je vois n'est pas banal

Un bon papier pour ton derrière

Je connais le nom de l'assassin

Un petit blond et des grandes mains

Il a étouffé la grand-mère

Mais après tout pas mes affaires

Un jour l'huissier a tout saisi

Voulait mon eau et même ma vie

Je me suis dit ça tourne pas rond

Je vais être sec comme une momie

Quand je vois Némo à la télé

J'envie parfois sa liberté

Ce petit poisson bariolé

Un vrai héros de société

Je sens que ça bouge à la surface

C'est l'heure de la bouffe c'est déguelasse

Ils me font manger du papier vert

Mais moi je préfère les bons petits vers

Je connais déjà mon destin

Entre les pattes de ce félin

Ou faire la planche sur le dos

Mon linceul c'est la chasse d'eau

Les poissons rouges tout le monde s'en fout

Ça tourne en rond et puis c'est tout

Si un jour ils se mettent à parler

Adieu pour toi ta liberté

Les pieds dans le vide

Mon amour est parti

Evaporé fini

Dissipé dans les brumes

Qui noircissent cette lune

Mon amour est parti

Quand j'ai vu cette brune

Elle a épluché mon âme

Comme un vulgaire légume

Mon amour est parti

Mon espoir s'est enfui

Un chemin sans retour

Qui m'éloigne chaque jour

Mon amour est parti

J'ai brisé le miroir

Les débris de ma vie

S'étalent devant mon lit

Mon amour est parti

J'ai perdu mes globules

Mon sang mon oxygène

J'étouffe seul dans ma bulle

Mon amour est parti

J'ai perdu ma fortune

Perdu le goût sucré

Je vis dans l'amertume

Mon amour est parti

Je ne le reverrai plus

Il me reste son image

Gravée et rien de plus

Mon amour est parti

Maintenant je n'y crois plus

J'ai les pieds dans le vide

Adieu je n'en peux plus

Ma foi

J'ai déclaré ma foi

À ces crayons de bois

Conféssé mes idées

À ces bouts de papier

Un vrai chemin de croix

Pour écrire quatre mots

J'écris n'importe quoi

Pour soulager mon dos

Je fais comme à l'église

Je partage tous mes textes

Quand le calice est plein

Je bois ces mots divins

J'implore tous les saints

Dès que la messe est dîtes

Pour que ces lignes écrites

Prennent le bon chemin

Je ne crois pas aux miracles

Seulement à mon destin

Ma gomme et mon crayon

Ma seule religion

S'il existe un royaume

Où les pages sont blanches

Je l'inonderai de lettres

Pour un semblant de fête

Maman

Maman je t'en supplie pourquoi es-tu partie
Pourquoi tu m'as laissé tout seul sur le coté
Une vie triste et sommaire un mari mal aimé
Ont fait de toi ma mère une femme blessée

J'écris ces quelques vers pour ne pas oublier
Celle qui m'a donné ce bonheur d'exister
Mes rires et mes pleurs tu as tout accepté
Je n'oublierai jamais la mère que tu étais

Cet amour éternel que tu m'as transmis
M'a donné des ailes chaque jour de ma vie
Tu n'as jamais oublié ton enfant chéri
Même si je n'ai pas toujours été à tes côtés

Depuis que tu n'es plus là de toi je m'ennuie

Je cherche la chaleur de cette maman chérie

Un souvenir une odeur gravé dans ma mémoire

Des sentiments des pleurs cachés dans un placard

Ce frère que je ne vois plus cet enfant oublié

A bouleversé ta vie et meurtri à jamais

Un fardeau lourd qui pèse dans tes pensées

Submergées de remords de peine et de regrets

Une vie de souffrance voilà ce que c'était

Ton quotidien des jours des mois et des années

J'espère sincèrement que j'ai pu te donner

Des instants de bonheur de joie bien mérités

L'encre qui coule pour écrire ce poème

Ressemble à ce liquide qui coule dans nos veines

Le premier pour faire vivre nos mémoires

Le second à faire vivre ceux qu'on aime

Mémoire

Réserve naturelle d'une vie bien passée

Qui garde les souvenirs que l'on veut partager

Souvenirs cumulés depuis de longues années

Ils se sont échappés perdus évaporés

Des visages familiers des enfants des parents

Que tu vois sans comprendre et tu te dis comment

Je vais leur expliquer que vivre dans le néant

C'est comme dans un tunnel on ne voit rien dedans

Étrange maladie qui dérobe l'espoir

De raconter sa vie ses amours son histoire

Un vrai désespoir pour tous ces oubliés

Qui vivent dans le noir toute la sainte journée

Un souvenir soudain s'éclaire dans le lointain
Furtif et dérisoire qui te fait vivre enfin
Moment de ton histoire qui te donne le sourire
Et toute l'assemblée se prête bien à rire

Moment difficile que cette fin de vie
Délivré vers les cieux tu seras plus heureux
Avec des regrets mais il est bien trop tard
De n'avoir rien écris en guise de mémoire

Marqué par le destin le hazard de la vie
Te condamnera à vivre dans l'oubli
Vivre dans le brouillard les yeux grands ouverts
Sans penser à demain encore moins à hier

Meurtris

Hommage sans gloire

Pour tous ces gens meurtris

Marqués par le hasard

De cette barbarie

Ce véhicule au corps d'acier

M'a démonté comme un jouet

Couché au sol je vois tout gris

Couleur de ma prochaine vie

J'étais heureux je vivais sans bruit

Quand ce grand bruit m'a rattrapé

Je partageais tout même les ennuis

Plus que la souffrance à partager

Pas eu le temps de déguster

Cette boisson édulcorée

Je vais partir sans payer

Un long crédit m'attend à vie

Je sens mon corps écartelé

Du sang des larmes pour se consoler

C'est la basse-cour j'entends des cris

Des gens qui courent c'est pas joli

Je crois comprendre ce qui est arrivé

Mon corps tremble j'ai des suées

Où sont passés ceux que j'aimais

Dans cette tourmente des corps couchés

Maintenant ma vie a basculée

Au nom de qui ou je ne sais quoi

Si en enfer je dois les retrouver

Ça sera à mon tour de les juger

Miroir

J'ai vu dans ce miroir

Mon visage réfléchi

Les cheveux dispérsés

Et le regard aussi

J'ai vu dans ce miroir

Une partie de ma vie

Passé décomposé

Et futur que j'envie

J'ai vu dans ce miroir

Les trésors bien cachés

Mensonges ou vérités

Que l'on veut bien garder

J'ai vu dans ce miroir

Une enfance perturbée

Une mère désemparée

Et un père égaré

J'ai vu dans ce miroir

Un pari réussi

Celui de rendre heureux

Et de donner la vie

J'ai vu dans ce miroir

Le bonheur d'être aimé

Passage obligé

Pour une vie réussie

J'ai vu dans ce miroir

L'aube d'une autre vie

Chanter dans le noir

Ecrire toute la nuit

J'ai vu dans ce miroir

Qu'on ne peut vivre sans amis

Équilibre vital

Pour une vie pas banale

J'ai vu dans ce miroir

Qu'il n'est jamais trop tard

Pour une vie ordinaire

Ou vivre une autre histoire

J'ai vu dans ce miroir

Que l'âge ne peut rien faire

Suffit seulement d'y croire

Avancer pas s'en faire

J'ai vu dans ce miroir

Un caractère enjoué

Rieur et amuseur

Et parfois éffacé

J'ai vu dans ce miroir

Ce que je veux bien montrer

Un air décontracté

Faux semblant pour jeter

Nuit

Je vis la nuit aucun répit

Un homme du soir je vis dans le noir

Les boîtes de nuit c'est mon hobby

J'attends le soir jamais trop tard

Après minuit j'ai plus le cafard

Suis affalé près du comptoir

Regard troublé par la fumée

Et tous les verres que j'ai avalé

Je vis la nuit quel désespoir

Et la journée toujours dans le noir

Mon oreiller est mon ami

C'est à lui seul que je me confie

Si seulement on était deux

Dormir la nuit je serai plus heureux

Je lui partagerai mon oreiller

Voire un peu plus et l'embrasser

Je ne veux plus vivre comme une taupe

Toujours dans le noir et solitaire

Je veux vivre comme tous les autres

Sans rentrer tard ça j'en serai fier

Vivre la nuit c'est bien joli

Tout dégringole surtout ta vie

Vivre le jour c'est encore mieux

Un beau ciel bleu des gens heureux

Perdu

Ce matin un enfant m'a donné la main
Petit être inconnu qui traînait dans la rue
Un enfant égaré hagard désemparé
J'ai senti en chemin qu'il cherchait son destin

J'ai vu dans son regard la volonté de croire
À une vie rêvée qu'il croise sur le trottoir
Devant ces vitrines envahies de poupées
Et ces beaux jouets qui le font espérer

Ses yeux noirs grands ouverts envahis de lumière
Il reste bouche bée devant ce conte de fée
Un monde imaginaire enjoué coloré
Aucun enfant sur terre ne peut y résister

Un vrai désespoir pour cet enfant perdu

Affamé ongles noirs une petite tenue

Cheveux eparpillés et souliers déchirés

Petit personnage d'un roman à pleurer

J'ai trouvé tard le soir ses parents entassés

Au fond d'un vieux couloir d'une rue désertée

Image de tristesse le bonheur s'éparpille

De voir dans la détresse cette famille en guenille

Un désastre sans gloire que la guerre dissémine

Arrachés à leurs terres par la peur de ces mines

Ils recherchent l'espoir de trouver domicile

Dans notre beau pays qui doucement vacille

Piano

Le piano c'est comme les mots

Il faut que ça rime avec le do

Quelques notes et c'est parti

Un son qui valse de sol en si

J'écoute cette belle mélodie

Qui déroule un air joli

Un air tendre et sulfureux

Et qui rend les gens joyeux

Sur ce clavier sans frontières

Avec les noires et puis les blanches

Ici il n'y a pas de guerre

Mais seulement les notes qui tranchent

Tes doigts longs fins et gracieux

Recherchent des sons mélodieux

Ils se promènent tout en travers

Sur ce tapis peu ordinaire

Ces courbes nobles et arrondies

Des pieds galbés et élancés

Donnent à cet instrument envieux

Un charme gracieux voluptueux

Que tu sois droit ou même à queue

Tu es sensible à ces caresses

Un son clair et sulfureux

Que tu nous rends, une allégresse

solitaire

Je suis fondu comme un cachet

J'ai une vie très diluée

Je me répands au fond d'un verre

Pour oublier toutes mes galères

J'ai une vie de solitaire

Et quatre murs en point de repère

La solitude c'est un délit

Car vivre seul c'est interdit

Je croise l'amour très éphémère

Dans un coin sombre une chambre austère

Les plaisirs en solitaire

Je les savoure un vrai dessert

Tous les voisins veulent me parler

Mais je ne sais quoi leur raconter

Quand ta vie est un désert

Ton horizon est à tes pieds

J'emballe des cadeaux la journée

Je distribue des bouts de rêve

Je souris bien obligé

Le rictus d'un oublié

Ma vie commence derrière la porte

Une fois fermée je me transporte

Je me projette dans l'avenir

Passage étroit qui fait souffrir

Solitude

Elle s'éloigne doucement en marchant lentement
Croise ces passants qui semblent indifférents
Sa vie est usée comme ce vieux panier
Qu'elle porte à bout de bras sorte de vieux cabas

Vit dans la solitude plus de mari pas d'enfant
Un petit appartement un musée maintenant
Où sont exposés ses souvenirs d'antan
Bibelots et tableaux l'amour de ses vingt ans

Son mari est parti dans le monde des esprits
Malade et affaibli par une vie sans répit
Dans un carton jauni elle conserve ses photos
Qui la ramène au temps où le ciel était beau

Le soleil et la lune sont ses seuls repères
Journées qui défilent journées très ordinaires
Elle regarde la une d'une télé qui l'entraine
Dans un monde inconnu où la haine se déchaîne

Elle se retrouve parfois avec quelques amies
Cheveux blancs bien peignés et robe défraîchie
Des sourires et des rires fusent abondement
Vie austère oubliée pour quelques doux moments

Assise sur son banc elle contemple ces enfants
Rieurs et enjoués qui hurlent en courant
Certainement des regrets toute sa vie durant
De n'avoir pas connu le bonheur d'être maman

Suprême

Suprême délice

Pour cette main qui glisse

Sur cette peau dorée

Soyeuse et veloutée

Suprêmes couleurs

Ses cheveux détachés

Ma main se laisse aller

Vers ces reflets cachés

Suprême bonheur

Pour ce regard rieur

Un tantinet moqueur

Qui fait fondre les coeurs

Suprême envie

Pour cette bouche vernie

Un galbe très marqué

Une envie de se poser

Suprême visage

Des formes qui présagent

Comme dans les contes de fée

Un amour à crever

Suprême saveur

Pour ce charme embusqué

Dans ce corps envouté

Démon de volupté

Suprême velours

Cette présence qui m'entoure

Douce carapace

Contre le temps qui passe

Notre histoire

Ce vieux pain qui s'effrite

Ressemble à notre histoire

En miettes elle se délite

On ne voulait plus y croire

Ce rêve était un mythe

Comme les grandes histoires

Qui fascinent les suites

Et les journaux du soir

A vouloir trop aimer

On s'est presque étouffé

Noyés sans le vouloir

Jusqu'à se détester

Un amour sans compter

On a tout essayé

Devant ceux qu'on aimait

On a tout étalé

Tous ces jeux interdits

On s'en est amusé

Cachés ou dans le noir

Ancrés dans nos mémoires

J'étale mes souvenirs

De ce rêve égaré

Instants qui font souffrir

Je suis encore bléssé

J'ai conservé ce livre

Que tu as oublié

Je vois entre ses lignes

Ton regard se poser

Cet amour qui s'achève

La paix après la trève

Fini les pourparlers

On peut se regarder

Tourner les pages

Dans un fond de lumière

J'écris cette prière

J'implore tous les dieux

Pour un bonheur à deux

J'ai trouvé un trésor

Aux grands yeux bleus saphir

Une chevelure en or

Avec un beau sourire

Une musique buccholique

Aux airs doux romantiques

Extirpe de ma mémoire

Ces mots chargés d'espoir

Cette lune en croissant

Dans ce ciel parsemé

Éclaire ce présent

Qu'on voudrait arrêter

Ce parfum de violettes

Me fait tourner la tête

Un appel à l'amour

Qui soigne chaque jour

Tous les mots se complètent

Et s'alignent dans ma tête

Comme une partition

Qui raisonne les sons

Le roman d'une vie

Qui commence aujourd'hui

On va tourner les pages

Jusqu'à ce qu'elles soient jaunies

Ce vieil hôtel sans âme

Un accueil pour s'aimer

Un abri pour les âmes

Qui veulent se rapprocher

L'amour

L'amour est un délice

De saveurs et d'épices

L'amour est une fleur

Un vertige de couleurs

L'amour c'est une rencontre

Les regards éffarés

L'amour c'est une larme

De joie ou de douleur

L'amour c'est le bonheur

De l'ivresse dans les coeurs

L'amour c'est qu'une envie

De s'attacher à lui

L'amour c'est un besoin

L'attirer dans un coin

L'amour c'est vital

Pour tous ceux qui ont mal

L'amour même lointain

On garde un bout de chemin

L'amour laisse rêveur

Ça peut durer des heures

L'amour c'est pour la vie

Ou seulement une nuit

L'amour c'est pas de l'amour

S'il n'ya aucun retour

L'amour ça fait souffrir

Jusqu'au souffle dernier

L'amour est un récit

C'est écrit pour la vie

L'amour est un grand cri

Sourd et sans répit

L'amour quand tu l'oublies

Un vide qui détruit

L'amour c'est le mélange

Une peau claire ou foncée

L'amour il s'évapore

Percé par les années

L'amour ça se répare

Il faut juste colmater

L'amour même dans le noir

Une douceur à croquer

L'amour quand il s'égare

Il faut le raisonner

L'amour est un remède

Contre une vie trop tiède

Il réchauffe les êtres

Antidote du mal être

La foudre

J'ai croisé la foudre

À travers son regard

Mon corps a disjoncté

J'étais seul dans le noir

Mon coeur est énroulé

Comme un rouleau de ficelle

Une pelote d'amour

Que l'on déroule chaque jour

Un amour sensuel

Où tu voles sans ailes

Un amour déroutant

Aux rites envoûtants

Je respire son corps

Par ses pores grands ouverts

Un parfum qu'on ignore

Qui embaume les sphères

Un mélange des sens

Un partage d'indescence

Les neurones en fusion

Je suis en ébulition

Je saisis cette chance

De croiser l'insolence

Un univers lubrique

Un amour hérétique

Ces histoires d'amour

Ces amours sans histoires

Des moments de tendresse

Que l'on confesse le soir

Le temps

Je cours après le temps

Ce sablier ludique

Quand il est transparent

C'est ton corps qui s'effrite

Les rides des vieux amants

Ont tracé ces visages

La vieillesse est un art

C'est un tableau sans fard

J'empile les années

Dans l'armoire du passé

Encore beaucoup de place

Qu'il va falloir combler

Sitôt le premier cri

C'est la course à la vie

Les amours les enfants

Et c'est déjà fini

Si ta jeunesse te fâche

Faut te réconcilier

C'est un moment de grâce

Qu'on aimerait racheter

Tourne la tête en arrière

Tu verras ton passé

Comme une trainée de poudre

Qui te suit à tes pieds

Le temps d'un petit oui

Pour être enfin bagué

Comme les oiseaux qu'on suit

Plus le droit de s'égarer

Le temps faut s'en payer

Du bon ou du mauvais

C'est comme le réglisse

Faut juste dérouler

C'est le temps des discours

Il faut changer la cour

Tous ces bonimenteurs

Pour un semblant de meilleur

Le temps est suspendu

Sur le fil de la vie

Faudra le décrocher

Quand viendra le répit

Le temps d'un je t'aime

Emotion souveraine

Simplement deux mots

Qui frissonnent le dos

Le temps d'écrire ces vers

Juste entre ces deux verres

Je cherche la matière

Dans le fond de mon verre

Si un jour j'ai le temps

Je me verserai dans l'amour

Ou dans les beaux romans

Qui font frémir les cours

Si le temps m'est compté

Je vais arrêter de compter

Tout remettre à zéro

J'arrête le chrono

J'écorcherai les jours

Qui me feront souffrir

J'éffacerai les mois

Qui voudront me détruire

On ne peut compter sur lui

C'est comme de l'eau boullie

Il s'évapore lentement

Te réduit à néant

J'éteindrai cette bougie

Quand tout sera fini

Je soufflerai la flamme

Qui éclairait mon âme

Lumières

J'en appelle à la lumière

Pour éclairer ta vie

À la lune l'ami fidèle

Pour éclaircir tes nuits

Tu verras 36 chandelles

Dans les bras de ta jolie

Dur sera le réveil

Les yeux chargés d'envies

Plonger comme Archimède

Aux tréfonds de l'amour

Une pression que l'on aime

Qui te pousse vers le jour

L'amour sacré te fuit

Caché derrière tes rêves

Où trouver ce grain de riz

Pour un sens à ta vie

Ça rutile sur les idylles

Torrides et précaires

Les amants s'envoient en l'air

Sur une musique volatile

Tu vois au loin cette lueur

Un amour qui fond les coeurs

Coeurs noués chargés d'ivresse

De sentiments qui se déversent

21

Nombre insignifiant

Frémir pour l'avenir

Un nombre déroutant

Peur de tous ces rires

Impair de la nature

Tu paies la facture

Toute ta vie durant

Écrit sur ta figure

Ni discours ni pitié

Ce chromosome sourd

On l'entend chaque jour

C'est notre identité

La vie qui t'accompagne

Un combat pour tes gènes

Des rires ou la castagne

Pour être tous les mêmes

Cette différence

Que seuls les borgnes voient

Ce n'est qu'une apparence

Notre vie on y croît

Des lachers de sourires

Pour quelques brins de bonheur

De l'amour en cascade

Pour étancher nos peurs

Aimer

Le verbe aimer

À tous les temps

Je l'ai conjugué

Présent passé

Comment j'ai fait

Pour le détester

J'ai composé

Pour que le futur

Soit pas gaché

Simple ou passé

C'est bien fini

Plus de regrets

Impératif

Pour un futur

À composer

Vie antérieur

Pour cet amour

Proche du passé

Plus que parfait

On a bien cru

Qu'on y arriverait

Cet imparfait

Qui nous éloigne

Faut s'accrocher

Ne plus croire

À ce passé

Qui est cassé

Mais à présent

Vers un futur

Pour se rapprocher

Le verbe aimer

Je vais continuer

À le conjuguer

Merci à Marie, Jean Pierre, Bruno et Bernard

De m'avoir encouragé à la création de ces écrits

Simples et ouverts à tous.

Je dédicace ce recueil à Maryse, mon épouse

Ma famille, mes amis ainsi que Pierre et Véro

Mes amis de toujours

Victor

© 2017, Victor Zabatt

Edition : BoD - Books on Demand
12/14 rond-point des Champs Elysées, 75008 Paris
Imprimé par Books on Demand GmbH, Norderstedt, Allemagne
ISBN : 9782322086252
Dépôt légal : décembre 2017